U0080222

你真的可以好好一個人

獻給時常感到孤單的你，
一個人也能幸福の自在學

ひとりでも大丈夫

枡野俊明

王蘊潔　譯

前言

聽到「一個人」這三個字時，你會產生怎樣的聯想？相信很多人會想到「孤獨一人」、「孑然一身」或是「自言自語」，會不自覺地產生一些負面的聯想。

正因為這個原因，很多人害怕孤獨，隨時都希望和他人產生交集。透過社群網站，覺得自己好像隨時都和別人在一起，或是認為「朋友」的人數越多越好。

隨時都和別人在一起，就意味著隨時都必須在意他人的眼光，隨時都把自己和別人進行比較。一旦習慣這種狀態，久而久之，就會迷失真正的自己，進而迷失自己的人生。

禪語中有「主人公」這個名詞，這和電影或是電視中的「主角」有點不太一樣，而是代表「自己原來的樣子」。

禪認為，每個人內心都有「菩薩」。

「菩薩」就是「自己原本清澈無比的心」。

自己帶著怎樣的使命來到這個世界？自己在這個世界必須完成什麼使命？如果有一百個人，就會有一百種不同的作用。

思考這個問題很重要。無法藉由和他人比較得到這個問題的答案，也無法透過模仿他人找到答案，必須自己充分思考，才能夠找到答案。

「這才是上天賦予我的使命」、「這才是我該走的人生之路」，當我們能夠產生這樣的確信時，才能夠發現自己真正的生命意義和幸福。

有一個成語叫做「自問自答」，就是問自己的心，由自己的心來回答。這對人生是一件很重要的事。

一個人在獨處的時候，才能夠自問自答。

我們誕生來到這個世界，和離開這個世界時都是一個人。即使是雙胞胎或是三胞胎，也並不是同時誕生，無論再怎麼恩愛的夫妻，都無法同年同月同日死。

由此可以了解，人本來就是一個人，一個人才是自然的樣子。

一個人並不寂寞，也並不悲傷，而是理所當然、天經地義的事。正因為這樣，我們要珍惜一個人獨處的時間，珍惜獨自思考的時間。

意識到每個人都是一個人，才能夠活出豐富的人生，為自己和他人帶來幸福。

本書將焦點集中在「一個人」的意義，和「一個人」的美好上。

希望本書能夠協助各位讀者不要輕易受到世界的變化所影響，不要受到他人的影響，踏實而穩健地邁向自己的人生。

枡野俊明

目錄

第二章——當你感到不安時

第三章——一個人過日子的人際關係

第四章——「一個人過日子」的心理準備

第一章

你是人生的主人

人生中所有的一切，
都是你自己做出的選擇。
越是了解這一點的人，
越能夠過自由的人生。

一切都是你自己選擇的結果

自古以來，人們就經常說，「人生就是不斷在做選擇」。從選擇職業、結婚對象這種重要的選擇，到日常生活中的瑣碎選擇，我們在人生過程中，隨時都在做各種選擇。

選擇了某個選項，就等於捨棄了其他的選項。舉例來說，我們可能會猶豫午餐該吃什麼。雖然想吃義大利麵，但也想吃壽司，一旦選擇吃義大利麵，就不能吃壽司了。有時候也會在吃義大利麵時，後悔早知道應該吃壽司。我相信，每個人都曾經有過這種後悔的經驗。

但是，如果是會對人生造成很大影響的重要選擇，就必須小心謹慎。

比方說，該選擇什麼職業？這可以說是決定人生的重要選擇之一。

這種選擇很困難，無法輕易找到答案，但是在以前的日本社會，大家並沒有像現在那樣為選擇職業傷透腦筋。

如果是出生在農民家的孩子，長大之後也會務農；漁夫家的孩子，繼承父親的職業當漁夫也是理所當然的事；酒鋪的兒子生下來就背負著要繼承酒鋪的命運。

也可以說，當時很少有選擇職業的自由。

即使年輕人反抗，說什麼自己絕對不願意繼承家業，但大部分的人最後還是繼承了家業，而且也對自己的人生很滿意。

現代是職業選擇很自由的時代，和以前相比，可以活得更輕鬆、更自由。即使如此，為什麼仍然有很多人對自己的人生感到不滿足呢？

既然是自己做出的選擇，當然就必須由做出選擇的自己負起一切責任，是不是因為沒有負起責任，所以才會感到不滿足呢？

即使發現自己並不適合當初選擇的職業，或是選擇的公司破產了，這也不是別人的責任，而是當初做出選擇的自己必須為此負責。

成功的時候，都會認為自己做出了正確的選擇；相反地，在失敗的時候，就會把選擇的責任推卸到別人頭上。只要不改變這種想法，無論周遭的環境多麼如自己的願，都不可能有平靜的生活。

為自己的選擇負起應有的責任，是活出自由人生的基本。

這樣才能不受他人影響，靠自己的力量開拓和創造自己的人生。了解自己這個人的本質，了解自己的價值標準很重要，這才是身為人生「主人」的生活方式。

婚姻生活不如意，也是你自己的問題

除了職業選擇以外，結婚也是人生中一項重要的選擇。在決定結婚時，每個人應該都相信「我可以和這個人共度未來的人生」，然而，在多年的婚姻生活中，漸漸出現了各種分歧。於是有人就開始煩惱「他在結婚前根本不是這樣的人」、「他結婚前那麼善解人意……」，認為自己的婚姻是一場失敗。

當婚姻生活不如意時，大部分人都會將原因怪罪到對方身上。因為覺得自己完全沒有改變，只有對方變了。雖然是自己選擇的對象，卻忘了當初是自己做出的選擇，甚至覺得是從天而降的災難。這代表，你並沒有成為自己人生的「主人」。

不妨回想一下當初相信「我可以和這個人共度未來的人生」的自己，並不是對方強迫你產生這種想法，也不是別人做的決定，而是你的內心做出的決定。

回想一下當時的心情，最重要的是，相信當時的自己，這是一件重要的事。

要相信自己的選擇。無法相信自己的人，也無法相信對方。

雖然常常覺得是對方變了，但其實自己的變化更大。

我們對自己人生中做出的重大選擇，有時候會認為選對了，也有時候會後悔自己選錯了。

但無論做出的選擇是好是壞，那都是你自己做出的選擇。即使認為做了錯誤的選擇，也不需要為當初的選擇感到後悔，更重要的是，要接受做出這種選擇的自己。

同時，回想一下當初做出那種選擇的心情。只要當時的心情是真實的，這種選擇就絕對不是錯誤，而且對你的人生來說，是重要的寶貴經驗。

常識和社會的規範並不一定正確，
更不能為你帶來幸福。

不要受到社會常識和標準的束縛

我們在社會中生存，而在社會中生存的基本，就是必須遵守社會的規範。說白了，就是重視常識，不要做缺乏常識的事。

但是，如果過度受到「社會常識」的束縛，就會迷失真正的自己。

我認為日本人有太重視常識的傾向，例如不能給別人添麻煩，行為必須和別人同步調，要體諒他人。這些想法太強烈，便很容易變成按照社會的標準過日子。換句話說，就是在日常生活中，隨時將自己和他人（社會）進行比較。

比方說，在我們讀中學的時候，大人都異口同聲地說：

「你至少要讀完高中才行」、「畢業之後，就要找一份穩定的工作」、

「早晚都要結婚，建立自己的家庭」，還說什麼「這些都是常識」。

也就是說，大人擅自為小孩子鋪好了人生軌道。我相信有人對大人為自己鋪好的人生軌道沒有任何排斥，乖乖地走在這條軌道上。只要當事人認為這很幸福，旁人也無法置喙。我並不是否定按照社會常識生活這件事。

但是，常識未必一定是正確答案，並不是每個人按照常識生活，都可以得到幸福。

有些人會用冷漠的眼神看待那些不符合社會標準的人，那是因為每個人的內心深處，都希望可以擺脫社會的標準生活。看到那些人能夠做自己做不到的事，就會心生羨慕。總之，是因為將自己和他人比較，才會產生這種情緒。

社會的常識並不一定是真實的情況。

我們當然不能做一些會造成他人困擾的事，也要避免會引起周圍人不愉快的言行，這是每個人都該遵守的「良知」。

但是，讀高中並不是常識，畢業後找穩定的工作也稱不上是常識，只是因為剛好大部分人都這麼做，就變成了所謂的「常識」。

如果認為這些常識不適合自己，你完全可以走自己選擇的道路。

不要在意「社會的標準」，而是該有「自己的標準」

有一位日本知名的畫家，在某次接受採訪時說：

「周圍的人一直對我說，畫家無法養活自己，畫畫只要當作興趣就好。但是，如果畫家無法養活自己，這個世界上就不可能有畫商。目前世界上有很多畫商，那就代表有很多畫家能夠養活自己。」

認為畫家無法養活自己，那只是社會擅自認定的標準。那位畫家完全不想把這種標準套用在自己身上。

要靠畫畫養活自己，於是他下定這樣的決心之後，就廢寢忘食地持續畫畫。即使不符合自己的畫風，只要有錢賺，任何案子他都願意接。即使酬勞很低，他仍然持續努力靠畫畫賺錢。這種努力和才華終於開花結果，如今他已經是一位舉世聞名的畫家。

曾經有年輕人問他：

「我想靠畫畫養活自己，但因為畫家都無法養活自己，所以我只能放棄，我會把畫畫當作是自己的興趣。」

他對這個年輕人說：

「並沒有畫家無法養活自己這回事，這個世界上，有可以養活自己的畫家，所以並不是畫畫無法養活自己，而是你現在的畫畫能力無法養活你自己。如果你真心想要成為畫家，就必須充分了解這件事。這是你的人生，你可以自己決定。」

我認為這位畫家說的話完全有道理。

當自己想要挑戰一件新事物時，不需要在意周圍人的反應，只要坦

誠面對自己想要做某件事的心情。

如果自己的決心會受到周圍人的影響，不如趁早放棄。

如果是自己真正想做的事，自己發自內心想走的路，就應該抬頭挺胸，勇敢走自己的路。

不必整天在意「世間的標準」，而是要建立「自己的標準」，這樣才能活出自己的人生。

首先要傾聽自己的心聲，
因為沒有人比我們更了解自己。

什麼是珍惜自己？

我們經常聽到「好好珍惜自己」這句話。這句話聽起來很理所當然，每個人都認為很珍惜自己，但實際情況真的如此嗎？

比方說，很多人認為生命屬於自己，如何對待自己的生命是個人自由。即使整天暴飲暴食導致生病，這也是自己的事，別人無權干涉。

在佛教的世界，認為生命只是暫時交給我們保管。

生命並不屬於自己，而是由祖先代代傳承而來，遲早要把生命交還出去。

如果是屬於自己的東西，即使不用心對待，或許也沒有太大的問題，但如果是別人暫時交給我們保管的重要東西，大家就會細心呵護。生命也一樣。

在你的壽命結束之前，你的生命是祖先暫時交給你保管的，所以必須細心呵護。

什麼是珍惜自己的生命？什麼是珍惜自己？

我認為這必須從身心兩方面來討論。首先要關心自己的身心。或許有人說，這種事誰都知道。

很多人在意健康檢查的數字，注意飲食和運動，努力避免自己生病。這當然很重要，**但最重要的是，必須仔細傾聽自己身體的聲音。**

要充分攝取身體想要的東西，不吃身體不需要的食物。或許有人認為這是理所當然的事，但有很多人無法做到。

比方說，人類以外的動物一旦吃飽，就不會再繼續攝取食物。即使佳餚當前，只要吃飽了，就不會再吃了。但是，人類是用眼睛進食的動物，即使晚餐已經吃飽了，看到好吃的甜點，就會忍不住繼續吃，硬是塞進胃裡。只有人類會有這種行為。

酒和香菸也是如此。雖說適量的酒有助於健康，但每個人都知道飲酒過量危害健康。

也就是說，有些人會若無其事地做一些會引發疾病的行為。

人類的身體很老實，只要維持有益健康的生活，身體就會健康。

我是僧侶，不會積極攝取肉類，但是和家人一起吃晚餐時，也會多少吃一些，但我會盡可能不吃。一方面是為了遵守身為僧侶的規定，但更因為我自己的身體並不需要肉食。

我平時吃飯也都做到飯吃八分飽。對人類來說，三十歲之後，飯吃八、九分飽；五十歲之後，吃七、八分飽剛剛好。

因為我一直維持這樣的飲食生活，所以很少感冒，覺得身體很輕盈，即使經常出國，也很少會感到疲勞。

有時候我會上電視，在錄影前化妝時，曾經有一位化妝師問我：「住持先生，你的皮膚真的很好，怎樣才能維持像你這樣白淨光滑的皮膚？」

答案很簡單，只要在日常生活中經常傾聽身體的聲音，皮膚自然會變好。

在尋找各種方法減肥，嘗試各種化妝品之前，首先必須傾聽身體的聲音。

是我們自己「強己所難」

除了傾聽身體的聲音以外，還要經常傾聽自己的心聲。在日常生活中，會遇到很多導致心累的事，生活在現代社會中，任何人的生活都不可能完全沒有壓力。

但是，當累積太多壓力，就像杯子裡的水會滿出來一樣，內心的疲累也會溢出來。因此，在發展到這種地步之前，傾聽自己的心聲很重要。

「我快受不了了」、「我撐不下去了」，當內心發出這樣的吶喊時，就要先和目前的狀況保持距離。或許有人說，這麼做太不負責任，也可能有人認為這只是逃避，但我並不這麼認為。

有些人認為，加班到深夜是理所當然，假日加班也是理所當然，工作就是這麼一回事。但是，真的是這樣嗎？雖然有人無論做任何事都追求完美，認為必須做到完美，但真的需要這樣嗎？

自己深信不疑，努力去做到的事，真的是理所當然的事嗎？請好好傾聽自己的心聲，了解自己內心想要的到底是什麼。

只有你自己才能夠傾聽你的心聲，即使向別人傾訴內心的煩惱，也無法找到解決的方法。只有你能夠讓自己疲憊的內心重新恢復健康，這個世界上沒有任何事值得自己做到心靈失去健康。

只有自己能夠
讓自己的心情好起來。

養成放下情緒的習慣

我們在一天之中，心情隨時都在變化。有時候心情很愉快，有時候心情有點沮喪。心情起起伏伏，我們就是在這種感情的起伏中生活。

「喜怒哀樂」這四個字用來表示人類的各種情緒，人類的內心的確會隨時發生變化。相信每個人都曾經有過即使前一刻還心情愉快，卻可能因為別人的一句話，讓心情一下子沮喪到谷底的經驗。

當我們陷入沮喪時，很容易怪罪別人。

都是因為那個人說那句話，才會讓我心情不好；我原本心情很好，結果因為那個人的行為，毀了我一整天。總之，很容易把自己心情不好怪罪到別人頭上。

有時候即使對方沒有惡意，也可能導致我們心情不好。

我雖然曾經是雲水（禪僧的修行時代），有時候也會生氣。大家通常認為禪僧隨時都能夠保持心情平靜，但其實我聽到別人的惡言惡語也會火大。雖然不會把這種感情寫在臉上，但心情當然也會感到沮喪。

如果說，我和大家稍微有所不同，那就是我不會讓負面的情緒停留太久。

我不會讓怒氣一直留在心上，而是很快放下這種情緒。

這是我從坐禪中學到的習慣。

禪僧從開始修行的雲水時代開始，每天早上都要坐禪，每天都要靜靜地坐禪。

坐禪時必須心無罣礙，心無罣礙就是腦袋放空，什麼都不想。

也就是說，不讓任何事停留在自己的腦海中。

靜靜地坐禪時，腦海中會浮現很多事。

這種時候，最重要的是不要讓這些浮現在腦海中的事停留。即使想到「我要在上午處理完那項工作」，也要馬上把這個想法趕出腦海。

養成不讓思考在腦海中停留，隨時放下的習慣，就可以擺脫執著。

有些人聽到別人說一些不中聽的話時，就會一直忍不住想這件事，受負面情緒的影響。如果別人的言行會影響自己的心情，就要馬上把這些言行趕出腦海。

「不要放在心上，不要放在心上。」即使不必說出口，也可以在心裡這麼告訴自己。

事實上，別人說的話對我們來說，幾乎都是無關緊要的話，自己的心情受這種無關緊要的話影響，未免太不值得了。最好的方法，就是學會面帶笑容，讓這些話左耳進，右耳出。

用笑容面對負評，才能避免受他人惡意的影響

即使經歷相同的事，但並不是每個人都會有相同的感受。有些人會感到沮喪，有些人並不會受到影響，甚至有人能夠從正面的角度看待所發生的事。

由此可見，相同的事會帶來好心情還是壞心情，完全取決於每個人的心態。

禪語中有「和顏愛語」這四個字，教導我們隨時保持溫柔的笑容，努力說一些充滿愛和關懷的平靜話語，這樣就可以讓自己的心和對方的心都保持平靜。

這個世界上充斥著冷言冷語，也會有惡言惡語。但是，我們不要受這些負面的話的影響，努力保持心情平靜。這麼做也同時是為了自己。

有人對自己說一些冷酷的話，或是遇到一些讓自己心情沮喪的言行時，不必放在心上，就用笑容和溫柔的話語來化解。

即使別人用言語進攻，也不必加以還擊，而是要用溫柔的心包容對方的話。

話語很容易在你來我往之間會變得越來越尖銳，所以，即使別人對自己說了尖銳的話，只要溫柔包容，對方應該也不會再說帶刺的話。

只要努力做到「和顏愛語」，周圍就會很自然地充滿溫柔的話語和快樂的笑容。

溫柔的話語和快樂的笑容，可以創造為每個人帶來好心情的氣氛。

有些人經常把「有沒有什麼開心的事？」掛在嘴上，這個世界上並沒有「原本就開心的事」。

並不是有什麼「開心的事」，而是自己「能不能感受到快樂」。

隨時保持笑容，就可以在很多事上感受到快樂，同時，笑容也是帶給所有人幸福的種子。

每個人都活在過去、現在和未來，
其中最重要的就是現在，
此時此刻。

不受過去的束縛

佛教中有一句話叫做「活在三世」，「三世」就是指過去、現在和未來。

禪告訴我們，雖然我們活在三世，但在三世之中，最重要的當然就是此時此刻這個瞬間。

假設我們呼吸一次。先吸氣，再吐氣。吸氣的瞬間是現在，但在吐氣的時候，吸氣的瞬間已經成為過去。

時間隨時都在流逝，所以我們都只能活在當下，無法活在過去，也無法活在未來。

但是，我們總是會忍不住看向過去。我們在過去經歷了愉快的經驗和不愉快的經驗，如果一直拘泥於過去，就無法活在「現在」。

我們可以從過去的失敗中汲取教訓，將焦點集中在目前的自己身上。因為那個在過去失敗的你，現在已經不存在了。

每個人每天都在改變。不光是人類而已，世界上所有的一切都在隨時改變。佛教中稱之為「諸行無常」，這個世界上並不存在「常」。所謂的「常」，就是不改變、不變動。這是佛教的基本思想。

有人希望「改變自己」，但很多人覺得改變自己很困難。

但是，這種煩惱是杞人憂天，因為你已經不是以前的你了，所有的事物都在持續改變，你也一定在持續變化。

這個世界上不可能有人和五年前、十年前完全一樣，沒有任何改變。

那些「討厭自己」、「想要改變自己」的人，可以思考一下到底想改變自己的哪一個部分，然後就會發現，想要改變的部分通常都是能夠改變的。

我相信不外乎「我希望個性更加開朗」、「我希望更擅長社交」、「我希望可以正面思考」之類的內容。

想要個性更加開朗，只要表現得更開朗就好。如果無法做到，就代表你並不是真心想要變開朗。

只要有強烈的願望，每個人隨時都可以改變。還在找理由為自己做不到而辯解，就等於被困在過去，受到過去的束縛，還無法走出來。

正視「現在」

相反地，有些人一直沉醉在過去美好的回憶中。有些人無法忘記以前工作上的成功，也有的上司整天吹噓唯一一件值得說嘴的事，還有些年屆退休的人總是露出凝望遠方的眼神，說什麼「還是以前比較好」。

誰都不想聽這種話，這種人只是在逃避「現在」的時間。

不願正視現在的自己，其實就是不願正視自己的人生。

有一位邁入花甲的女性告訴我以下這件事。

「我終於邁入花甲了，面對鏡子時，看到一張蒼老的臉。隨著生日越來越近，心情也越來越差。」

然後，到了生日那一天，她和比她早兩年邁入花甲的丈夫一起小小慶祝。

「生日快樂！」

丈夫舉杯向她道賀。

「有什麼好快樂的？我已經六十歲了，越來越老，已經不年輕了。」

她忍不住這麼說。她的丈夫聽了之後對她說：

「妳在說什麼啊，我們兩個人不是都順利活到六十歲了嗎？我們都活了六十年，我認為沒有什麼比這件事更令人高興了。臉上的皺紋是我們活了這些年的證據，我是發自內心向妳道賀。」

她聽了丈夫這番話，發自內心感到感謝，然後覺得自己還在意臉上的皺紋太幼稚了。

她也因此了解到，和以前比較沒有任何意義，因為任何人都無法回到過去的自己。既然這樣，就應該像丈夫說的那樣，好好享受當下過日子，這才是最重要的事。

「年歲增長也不是壞事。」

當能夠這麼想的時候，女人的臉上自然會綻放出笑容。

建立自己的價值標準，
就不會受到他人評價的影響。

不必在意他人的眼光

我們每個人都生活在社會的群體中，因為並不是生活在無人島上，所以在日常生活中，隨時會和自己以外的人產生交集。生活在這樣的環境下，很難完全不在意他人的眼光。從某種意義上來說，在意他人眼光也是理所當然的事。

但是，有些人覺得「我向來不在意他人的眼光，只要不會增加別人的困擾，我想自由自在地過日子」。

不久之前，我在搭電車時，看到一個年輕女生一坐下來，立刻開始化妝。如果只是用小鏡子補一下妝，或許情有可原，但她把化妝品全都放在腿上，開始認真化起了妝。

周圍有好幾名乘客都忍不住看著她，但她若無其事地繼續化妝。雖然沒有人規定不可以在電車上化妝，也並沒有特別造成任何人的困擾，如果要說那是當事人的自由，或許也可以說是自由。

即使如此，我仍然無法從那位女生的行為中體會到美感。我並不是對她感到生氣，也不覺得造成了我的困擾，希望她不要在電車上化妝，只是我並不覺得那個女生漂亮，相反地，我覺得她的行為毀了她端正的五官。

有時候無關有沒有違反規定，而是有些行為本身並不美，無論對男人或是女人都一樣。

有些行為在別人眼中並不美，身為共同生活在社會中的一分子，必須了解哪些行為在別人眼中並不美。

適度在意他人的眼光，可以讓自己的行為更美。

接下來，我們進入正題：什麼是不要過度在意他人的眼光？我們為什麼會在意他人的眼光？

這是因為我們渴望獲得認同和評價。

比方說，我們在外工作時，當然希望工作能夠受到肯定。正因為想要受到肯定，才會努力工作。

但是，如果太在意能不能受到肯定，就會只把受到肯定視為唯一的目標。如此一來，就會變成為了能夠受到肯定，不惜做任何事，甚至為了能夠受到肯定，不惜踩在他人頭上。這樣會幸福嗎？

在意他人的評價，其實就是完全接受別人的價值標準。

比方說，應該有很多人希望能夠出人頭地，這種想法就是建立在認為出人頭地是好事的價值標準上。

以出人頭地為目標，逐漸提升自己的確是一件好事，但如果出人頭地變成唯一的目標，就會忘記工作的目的。出人頭地是努力之後得到的結果。

自己想要怎樣工作?當摸著胸口思考這個問題時，如果發現並不只是為了出人頭地，那就不必太在意別人的評價。

了解什麼對自己最重要

我們的內心往往會受到環境很大的影響。當我們在公司內，就會受到那家公司的價值標準影響，會在不知不覺中，認為那是正確的價值觀。正因為這樣，有時候必須擺脫目前的環境，從客觀的角度觀察。

在社會和公司中，有些價值觀會被認為是天經地義，理所當然。比方說，不可以和上司頂嘴，必須聽前輩的話，一定要參加部門聚餐，出差回來必須買伴手禮……。但是，所有這些價值都很正確嗎？絕對不是如此。雖然不需要故意反抗，但建立自己的價值標準更重要，明確自己的思考方式更重要。

每個人都要明確分清楚「對自己而言，十分重要的事」和「對自己

來說，無關緊要的事」。

在自己重視的問題上，可以在意他人的眼光。相反地，如果是無關緊要的事，無論別人說什麼，都不必放在心上。

為了能夠做到這一點，必須有時間在內心區分重要和不重要的事，建立自己的價值標準。

資訊終究只是資訊，
並不是答案。
只有經過親身體驗，
才能夠得到答案。

網路上找到的解答未必是正解

隨著價值觀的多樣化，我們的生活方式也出現了多樣化。有一百個人，就會有一百種生活方式。如今，這已經成為理所當然的事，但在不久之前的時代，我們的生活方式還無法這麼多樣化。

比方說，女性在二十歲之後，幾乎都會結婚、生子。一旦結了婚，辭職走進家庭成為當時理所當然的事。即使女性想要持續工作，周圍的氛圍也不支持女性的這種想法。現在的年輕人可能很難想像那種情況。

在那個年代，社會推崇單一化的生活方式，生活在社會上的人也認為和其他人一樣的生活方式比較好。

如今，這種單一化的想法已經消失了。

在當今的時代，每個人認為人生屬於自己，當然要按照自己喜歡的方式安排自己的人生。許多人即使不進入公司這個組織，也可以自己創業，自己成立一家公司。而且現在換工作也很自由，換了好幾家公司也不足為奇，更不需要勉強自己結婚。

目前的時代有許多不同的選項，所以可以按照自己的方式去度過人生。

現在的社會的確很自由，但其實這種自由，也帶來了新的煩惱。那就是「不知道自己該做什麼」、「不知道自己適合做什麼」的煩惱。

很少人能夠對於自己的工作和生活方式，明確了解這就是自己該走的路。大部分的人不知道自己適合什麼，也無法明確了解自己該走哪一條路。

以前的人感到徬徨時，都會向他人求助。如果身邊有自己尊敬的人，就會虛心請教；如果有適合自己的地方，就會親自去了解，或是尋找能夠帶給自己良性刺激的人，也會和很多人交流意見。總之，會靠自己的雙眼、雙腳，去摸索和探尋。

但是，現代生活中有網路。

網路上，有些人的生活方式很吸引人，有的人工作看起來很愉快，有的人看起來日進斗金。看到這些人的生活，就會產生自己也想要像他們一樣的想法。得知有人只是把自己的日常生活寫在部落格上就收入滿滿，就希望自己也可以過這種生活。一旦有了這種想法，就會陷入只要模仿對方，就可以成功的錯覺，以為只要做同樣的事，自己也可以從事快樂的工作，對輕易找到的「答案」動心。

但是，那並不是「你的答案」，而是「別人的答案」。

沒有用自己的雙眼確認，沒有透過自己的身體感受的事，都只是幻影而已。

即使追尋幻影，也永遠都追不到。

「行動」比「思考」更重要

我很擔心有人會輕易抄襲「別人的人生」，因為這是很危險的事。如果想要了解自己該走的路，就必須用自己的雙腳，腳踏實地地去尋找。

如果發現有人過著自己嚮往的人生，可以去聽對方的演講，去見一見對方。在感受到對方的體溫之後，一定可以為自己帶來很大的刺激。

如果有自己想做的事，就要鼓起勇氣試試看。即使在嘗試之後失敗了，或是認為不適合自己，也可以成為自己的糧食。

在腦袋裡東想西想之前，付諸行動更加重要。

有一句禪語叫做「冷暖自知」。無論是寒冷還是溫暖，都必須親身體驗，才能夠了解真正的溫度。只有親身體驗，才能夠了解真相。無論想要掌握任何東西，都要親自去體驗。

從網路上吸收資訊並不是「體驗」，然而，現代人往往誤以為這就是親身體驗。

比方說，在電視上看過好幾次知名的觀光景點，就以為自己很了解那裡。這只是「自以為」，是幻覺。

了解知識，和用自己的五感去體驗大不相同。

換句話說，我們的親身體驗將成為不可動搖的經驗，對我們的人生有所幫助。

人生中有時候也會遇到暴風雨，遇到暴風雨時不要逃避，必須勇敢面對。無論遇到任何狀況，都要親身去感受，這才是成為人生的主人該走的路。

第二章

當你感到不安時

感到不安時，

不要急於解決這個問題，

尋找能夠理解這種感情的朋友，

更能夠解決問題。

內心的不安來自於自己

每個人都有不安和擔心，有些巨大的不安令人難以承受，有些日常生活中小小的不安很快就消失了。也許我們的生活，就無可避免地會產生不安。

禪認為不安是沒有實體的東西，來自於自己的內心。

有一則軼事可以說明這種想法。

這是有關赫赫有名的高僧達摩大師的知名故事。他從印度前往中國弘揚禪宗，是繼承了釋迦牟尼教義的第二十八代僧侶。

僧侶慧可是達摩大師的弟子，有一天慧可坐在達摩大師面前坦承說：

「師父，我最近很不安，晚上也睡不著，不知道該怎麼辦才好。如何才能消除內心的這些不安？」

慧可之後繼承達摩大師的衣鉢，成為禪宗二祖大師。連高僧慧可都無法擺脫不安，想不出任何解決方法，最後只能向達摩大師求助。

達摩大師聽了弟子的煩惱後說：

「好，那我來消除你的不安。」

慧可聽了師父的話欣喜萬分，覺得自己終於能夠擺脫不安了。

他等待師父的開導，達摩大師對慧可說：

「來，把你的不安拿出來放在這裡，我就可以消除你的不安。」

慧可聽了這句話，頓時恍然大悟。

不安並沒有實體，而是自己內心創造出來的。

任何人都無法消除我們內心的不安。

只有創造出這種不安的自己，才有辦法消除。

佛教在談論消除不安的問題時，一定會提到這則軼事，這可以讓我們了解到，我們都在為沒有實體的幻想煩惱。

不安很不可思議，往往會在我們獨處的時候出現。即使原本只是小小的擔心，一個人思考時，這種擔心就會越來越大。

可能有人晚上因為不安而睡不著。

如果思考這些不安，能夠讓這些不安找到出口，繼續思考當然無妨，但如果是再怎麼想也無法解決的問題，就必須暫時把這些不安拋在腦後。

夜晚的黑暗容易讓人心生恐懼，帶來不安。相信有不少人曾經體會過即使在晚上煩惱不已，隔天早晨太陽出來之後，原本的擔心就少了一半的情況。

不安具有這種性質，所以要避免在夜晚的時候，避免一個人的時候，思考如何消除不安。

不必想得太嚴重，坦誠是上策

當我們試圖靠自己解決未來動向尚不明確的事，就會產生不安。所以，我建議可以鼓起勇氣，和別人聊一聊。

一旦把不安說出口，心情就可以稍微變輕鬆。在傾聽他人的意見之後，就會發現其實並不是什麼嚴重的事，也會發現自己想太多了。

而且，在說出口之後，就會發現其他人也有相同的不安。和朋友之間不需要隱瞞彼此的不安，而是可以把雙方的不安都說出來。

能夠相互了解對方的想法，感受到彼此能夠體會相同的感情，就可以加深彼此的關係。

感到不安時，不要試圖解決問題，尋找能夠理解這種不安的人，往往有助於消除不安。

「原來不是什麼大問題，順其自然，一定可以解決。」只要能夠產生這種想法，就可以消除一半的不安。

不要把什麼事都想得太嚴重，最重要的是如何坦誠面對自己和周遭的人。

於是，就會發現自己力所能及的事。一旦知道自己該做什麼，就可以消除大部分的不安。

你有沒有發現自己的真心？
你有沒有對自己的內心坦誠？
如果整天看著別人，
就無法看到自己的內心。

在傾聽別人的意見之前，先傾聽自己的心聲

每個人都希望「能夠活得更有自己的特色」。

但是，什麼是「自己的特色」？應該很少人能夠明確回答「這樣才是我」。

有一句話叫做「自問自答」，努力在自己的內心找出答案是一件重要的事。

「我為什麼現在會感到煩躁？」

「為什麼沒有人了解我的心情？」

不妨細心地撿起這些在腦海中浮現又消失的念頭，然後問自己。

於是，有時候就會發現意想不到的真心。比方說，會發現「其實我不想做這件事」，或是「我想做的是那樣的事」。

通常那些以別人的意見、別人的眼光為優先的人，往往無法察覺到自己的真心。

發現自己內心的真實想法，有助於發現自己。即使發現了不想看到的自己，或是難以接受的自己，也要了解到，那都是自己。不要用好壞來判斷，也不要認為這樣的自己不對，最重要的是接受自己的一切。

在逐漸接受自己之後，就可以看到自己的輪廓。那個才是真正的自己。

遇到問題時輕易怪罪別人，或是怪罪周圍的人或環境很簡單，但如果一直養成這種習慣，就永遠無法解決問題。

當了解到一切都是自己造成的，就可以找到自己想怎麼做，自己該做什麼的答案。

這才是你真正想做的事。當了解了之後，就可以遵循內心的想法付諸行動。

只要付諸行動，就可以清楚看見

有時候也可以藉由找到自己喜歡的事和擅長的事，發現真正的自己。

也許有人會說，不知道怎樣才能找到自己喜歡的事或是擅長的事。

找到自己喜歡的事和擅長的事的最好方法，就是做自己有興趣的事。

不要認為這種事很無聊，或是自己不可能做到，總之，去做就對了。

禪的基本思考方式就是「禪即行動」。

先付諸行動再說，有時候會因此發現之前從來沒有想過的事。

如果做某件事能夠持續三年，就代表那件事就是你擅長的事。因為如果不是自己擅長的事，就不可能持續那麼久。

因此，不要憑自己的喜歡或是不喜歡，適合或是不適合進行判斷。

我想分享一個我們寺院一位施主的女兒的事。她從小就不擅長運動，也不喜歡運動。假日時都在家裡看書，或是彈鋼琴，她一直認為這是適合自己的生活方式。

她在五十歲時，回顧自己的人生，想要稍微改變自己。她想要發現全新的自己，產生了想要挑戰新事物的念頭。

於是，她決定挑戰登山，去登山學校三年之後，正式開始登山。

在登山過程中，她和一些之前從來不曾有過交集的人成為朋友，發現了和以前安靜生活時完全不同的自己。

如今，她愛上了登山，每年都會去登山好幾次，聽說還去過高難度的谷川岳。

「自己的特色」並不是只有某一個面向，每個人身上會有許多「自己的特色」。

有多了解自己，就可以發現多少「自己的特色」，所以首先要坦誠、誠實面對自己。

大部分令人不安的事，
等真正發生時再思考就好。
與其整天煩惱，
不如認為「船到橋頭自然直」，交給上天。

「船到橋頭自然直」的心態

「萬一以後生重病怎麼辦？」、「如果我的錢都用光了怎麼辦？」、「萬一失業怎麼辦？」雖然每個人都會有不同的擔心，但應該很多人都為錢的事情擔心。

自從政府告訴民眾，老後不能只靠年金生活，希望民眾有兩千萬日圓的存款養老後，說到老後，金錢的問題成為大家最擔心的事。

如果想到幾十年後從公司退休，再二十幾年後，就會用完所有的積蓄，如果到時候再生一場大病……這樣一想，擔心就永遠沒有止境。而且可能也有人會認為，公司能夠讓自己工作到退休就已經很幸運了。

A先生在六十五歲時從公司退休，他還想繼續工作，於是又找了一份公寓管理員的工作。A先生以前在公司內當主管，起初對公寓管理員的工作內容很不滿，因為管理員的工作以打掃為主，和之前的工作相比，總覺得有點提不起勁。

有一次，他發現腳踏車停車場的角落很髒。以前的管理員沒有注意到那裡，於是他就把那裡打掃乾淨，然後開始找其他以前管理員沒有注意到的地方。

不久之後，公寓的住戶都很感謝他。

「現在的管理員把整棟公寓的每個角落都打掃得很乾淨，太棒了。」

「A先生來了之後，公寓比以前乾淨多了。」

於是，住戶都會向他打招呼，向他道早安，或是看到他時說聲「辛苦了」。A先生和住戶之間的關係也越來越好。

公寓管理員通常每隔兩年都要輪調，住戶聽說A先生要調走後，紛紛要求管理公司把他留下來，但礙於公司的規定，A 先生去了其他公寓當管理員。

到了新的公寓，A 先生認真工作的態度同樣獲得了住戶的高度肯定，A 先生也更加用心工作，讓住戶的居住環境更加舒適，回應住戶對他的肯定。

在他完成第三棟公寓的管理員工作，也就是當了六年管理員後，管理公司的總公司希望他去總公司，負責管理員的教育工作。

他在自己的工作中找到喜悅，努力工作的結果，為自己開拓了新的道路。

也許有人擔心自己會失業，但當不安變成現實時，再來思考該怎麼做也不遲。

當不安變成現實時，就不再是不安，到時候只要誠實做好該做的事

就好。

於是就會發現，內心的不安是思考也無法解決的事。

跟隨社會的趨勢也很重要

有一句禪語叫做「任運自在」。

這個世界上，存在著自己力所不能及的巨大趨勢。

比方說，春天到來，草木會發芽；秋天時，花會枯萎。任何人都無法改變大自然的這種趨勢。

同樣的，有些事無論怎麼努力，都無法得到結果；有時候根本沒有做壞事，卻會遭遇不幸。為這種事嘆息也無濟於事。

不妨跟隨這種巨大的趨勢，做自己力所能及的事。不要悲觀，不要沉淪，在巨大的趨勢中遨遊。

趨勢總有一天會改變。為了能夠在趨勢改變時挺身行動，必須相信自己內心的堅強。

「遇到問題時再思考，即使不安變成了現實，船到橋頭自然直。」

這種心態很重要。

把自己的命運交給別人，
就會整天怪罪別人。
為了擺脫這種情況，
就要思考自己能夠為別人做什麼。

是否將不平和不滿都歸咎於別人？

和以前相比，現在人和人之間的邂逅也變得多樣化。尤其是男女之間的相識，以前都是以相親或是朋友介紹為主，最近有很多人都是透過網路或是藉由婚姻聯誼活動認識。

無論是透過什麼方式結識，了解自己對另一半的要求仍然很重要。

男人通常希望和自己年紀相仿，或是稍微比自己小幾歲的女人結婚。也許是因為想到以後生病躺在床上時，期待另一半能夠照顧自己。

女性通常希望能夠和另一半過著平靜的生活，但也有不少人以生活安定為目的。

這些男人和女人都有一個共同點，就是把期待寄託在對方手上。

他們都在期待對方能夠為自己做什麼。

整天都在期待別人為自己付出的人，一旦遇到不好的狀況，就會責怪對方。

他們會認為是對方、是周圍的環境害自己變成這樣，把自己的不滿和煩躁的原因歸咎於對方和周圍的環境。

只要這種想法不改變，彼此的關係就無法持久。

因為別人並不是整天等著伺候你。

這並非只有男女關係而已，朋友、同事和家人也都一樣。

整天從利害得失的角度出發，思考對方能夠為自己做什麼的人，在對方對自己有幫助時，可以和對方保持良好的關係。一旦對方沒有利用價值，就會指責、批評對方「都是你的錯」，所以最終無法維持良好的關係。

不要等著「別人為我做什麼」，而要思考「我能為別人做什麼」

佛教中有「利他心」的想法。

所謂利他心，就是不要整天只想著自己的利益，而是要思考對他人有利的事。當每個人都有利他心，最終就可以為自己帶來幸福。

不要整天想著「對方能夠為我做什麼」，而是要思考「自己能夠為對方做什麼」。

知名的僧侶西行法師獨自在深山中修行，他只是獨自在大自然中生活，沒有任何訪客，也就是所謂的「閒居」。除了西行法師以外，許多僧侶都希望過這種生活。

西行法師有時候可能也想要和別人接觸，聽說他每隔數月，就會下山進城，和市井百姓喝酒聊天，談笑風生。

整天一個人生活，沒有聊天的對象可能會感到寂寞。但是，正因為了解這種寂寞，所以更能夠深刻體會和他人有交集，發自內心歡笑是多麼難能可貴。

一個人生活，就是不依賴他人，自己承受所有的一切。

只有了解這一點的人，才能相互尊重，建立舒服的關係。

如果希望別人來解除自己的寂寞，在對自己有利的時候，能夠對這種關係樂在其中，否則內心就會產生不平和不滿。

不要因為想要消除自己的寂寞尋找另一半，因為結婚之後，也可能會產生新的寂寞。

首先，要有自己的事自己處理的心理準備，然後再努力為對方做些什麼。

帶著這種心態和另一半建立關係很重要。

和別人比較，
只會迷失自我，
完全沒有任何益處。

接受矛盾和不平等

生活在社會中，經常會感受到矛盾的事和不合理的事。每次遇到這種事，就會懷疑自己一直以來信奉的價值觀，因此感到不安。

我認識的一位B小姐，告訴我她遇到的情況。

B小姐目前四十多歲，在一家專門為公寓和透天厝做內部裝潢的設計公司工作。這家公司內有很多員工，員工之間的競爭也很激烈。B小姐在工作上很努力，絲毫不比男同事遜色，平時加班到深夜或是假日加班簡直就是家常便飯，即使主管沒有指示，她也主動去做一些工作，累積業績。

三十歲左右時，周圍的女同事紛紛結婚離職，她選擇繼續工作，累積資歷，在將近四十歲時，她覺得自己差不多可以升主管了。

正當她期待自己的努力可以獲得回報時，社會的風氣開始改變。和歐美國家相比，日本的女性在公司內擔任主管的人數比例很低，政府和社會都開始推動在今後的時代，必須更加重用女性。

各家企業都紛紛改變方針，開始起用女性員工，而且為了盡可能讓公司符合社會的趨勢，積極增加女性主管的人數，否則就會被認為是一家落伍的公司。

B小姐的公司也起用了三十多歲的年輕女性擔任主管，這也成為公司良好的宣傳。

女性員工結婚後離職的情況逐漸減少，很多女性即使在結婚之後，仍然持續工作。公司方面甚至主動詢問之前結婚離職的女員工，如果想二度就業，公司方面也願意提供工作機會。

一些之前因為結婚離職的女性在育兒告一段落後，又重回公司工作，甚至有人回到公司後，和Ｂ小姐的職位相同。

「開什麼玩笑！」Ｂ小姐忍不住在心裡大叫。

她這些年都在公司拚死拚活地工作，為了能夠在這家公司升遷，咬牙堅持了這麼多年。她覺得自己的努力全都泡了湯，這種情況未免太不合理了。Ｂ小姐認為遭到了公司的背叛，也因此產生了巨大的不安。

「我有辦法繼續在這家充滿矛盾的公司繼續工作嗎？」

我完全能夠理解Ｂ小姐的心情。她可能不知道自己以後該以什麼作為自己的心靈支柱。不光是Ｂ小姐對這種情況感到不合理和充滿矛盾，很多男性職員應該也有同感。

但是，我也不得不說，這是無可奈何的事。因為這個社會原本就充滿了矛盾和不公平。

並不是只有自己吃虧或是不公平

如何才能在這樣的社會中生存？

最重要的就是不要去和他人比較。人往往會因為比較而迷失自我，久而久之，就會看不到真正的自己。

必須充分意識到，凡事都是自己做的選擇。

只要能夠確信，不是為了別人，而是為了自己做出了那樣的選擇，那就是自己的路。

每個人的人生都是建立在自己的選擇基礎上。

任何人的人生中都會遇到不合理的事和不公平的事，在這種狀況下如何選擇，決定了一個人的人生。

能夠意識到一切都是自己做出的選擇，無論認為這個世界多麼不合理，多麼不公平，也能夠帶著確信邁向自己的人生。

即使責怪這個時代或是這個社會，也無法改變任何事，因為只有自己能夠改變自己。

當感覺自己快被孤獨和不安吞噬時，
請溫柔地對待自己。
多溫柔對待自己，
就可以培養溫柔對待他人的心。

示弱並不可恥

有時候我們在社會上會感到自己好像孤單一人，如果沒有一個自己能夠發自內心信任的人，就會感到不安，或是覺得全世界好像只有自己內心有巨大的不安……然後就會忍不住陷入負面思考，為什麼自己經常遇到不幸和倒楣的事。

雖然其實並不是孤單一人，卻總是認為自己孤單無依，內心的不安就立刻膨脹。

有時候和很多人在一起時，我們也會感受到強烈的孤獨感。

雖然有時候會覺得「我怎麼會這麼脆弱？」，或是自責「不能這麼悶悶不樂」，但每個人都會有這種時候。

這種時候，可以找和自己相似的人，彼此傾訴內心的不安。

有一句話叫做「互舔傷口」，通常帶有負面的意思，認為是一種很沒出息的軟弱行為。

但是，我認為有時候暴露自己的脆弱，相互傾訴彼此的脆弱，分享脆弱，有助於創造出堅強。

即使把脆弱悶在心裡，也無法消除，脆弱並不可恥，並不需要隱瞞。

了解自己的脆弱，有助於理解他人的脆弱；能夠向別人吐露自己的脆弱，也就能夠接受別人的脆弱。

「我能理解，我也一樣。」

能夠彼此說這種話的關係，不正是充滿溫柔的關係嗎？

示弱是發現自己內心的溫柔和他人溫柔的訊息。

能夠示弱的人，可以越來越堅強。

擁有夢想比實現夢想更重要。
有目標的人，
充滿生命的動力。

當目標改變時，就是人生的轉捩點

隨著年齡的增長，我們會隱約感到不安。

除了對健康和金錢的不安，還有對社會的不安，對人際關係的不安，面對這些問題無法像以前那麼豁達。

人生過程中，從學校畢業後踏上工作崗位，到結婚、離婚、生孩子、升遷和退休，會有好幾個轉捩點。

所謂轉捩點，簡單地說，就是「重新檢視自己目標的時期」。

在此之前，在熟悉的人際關係和環境中，每天的生活都是為了達到某個目標而奮鬥。當進入需要重新檢視的時期，就是「轉捩點」。

當迎接人生的轉捩點時，最重要的就是必須改變自己的意識。

比方說，從公司退休後，有些人就不再工作，也有些人重新找了一份工作，還有些人把時間都投入自己的興趣愛好中。

無論選擇了怎樣的人生，目標都和以前不一樣了。

重新找工作的人，應該和年輕時剛從學校畢業，找工作時的心態完全不同了。選擇投入興趣愛好的人，以前只是利用閒暇時間玩一玩，以後將會占據生活的一大部分，態度當然也不一樣了。

但無論是哪一種情況，都必須了解到，自己到了能夠為別人、為社會貢獻自己經驗的年紀了。

因此，思考「以什麼為目標」就很重要。

無論在任何情況下，擁有夢想都很重要

相信每個人在年輕時，都曾經有很多夢想。從偉大的夢想到微小的夢想，當年曾經被很多夢想包圍。不知道各位是否實現了當年的夢想？

我相信每個人能夠實現的夢想並不多，能夠實現偉大夢想的人更是屈指可數。大部分的人應該都無法實現自己的夢想，但即使如此，很多人的人生都很充實。

為什麼呢？

因為比起實現夢想，追尋夢想的過程更重要。夢想能夠實現當然最好，但即使無法實現夢想，朝向夢想邁進可以讓人生變得更加豐富，也讓

日子變得更充實。

我認為人如果沒有夢想，就無法生存。夢想的目的並不只是為了實現，擁抱夢想才最重要。

只要擁有夢想，就可以漸漸化解內心的不安。

隨著年齡增長而增加的不安，正是因為失去夢想所造成的。

在人生的重要轉捩點時，自己是否還有夢想？

認清夢想，明確知道自己通往目標的路，自然就知道自己該做的事。

擁有夢想和年齡無關，每個人都要積極在人生中發現夢想。

夢想可以不受限制，「希望能夠對社區的人有幫助」、「希望參加公益活動」、「想和年輕人一起做點什麼」，任何夢想都無妨。

或許有人說，當今的社會讓人無法擁有夢想，或是認為自己沒有餘裕談什麼夢想。這種人也許誤會了一件事，以為夢想是別人給予的，以為社會可以為自己帶來夢想。

夢想不是別人給予的，也不是只要等待就可以等到夢想，而是必須主動去尋找夢想。

自己選擇的道路，
一定能夠通往幸福。
只要帶著這種確信向前走，
就可以找到幸福。

無論選擇了哪一條路，都是你的人生路

有一句禪語叫做「大道通長安」。

有一名修行僧內心產生了迷惘，即使努力修行，也看不到佛道。佛道就是指向通往真理的路。

於是，修行僧就問被稱為高僧的趙州禪師。

「禪師，佛道是什麼？怎樣才能找到？」

當時，禪師就回答：「大道通長安。」

長安是唐朝的首都，有來自各地的人。由於長安是一個大城市，所有地方都有通往長安的路。也就是說，無論走哪一條路，最終都可以走到

長安。

佛道也是如此。許多僧侶都為了尋找通往真理的路持續修行，雖然修行的方式各不相同，但這並不重要，只要帶著真心誠意努力修行，無論使用任何方法，最後一定能夠抵達佛道。重點在於相信自己正在進行的修行，持續修行。

我們的人生也一樣。每個人都在尋找通往幸福的路，但很少有人確信，自己正在走的路就是通往幸福的路。

即使決定了要走這條路，走著走著也會感到徬徨，有時候也會看向其他的路。當中途遇到岔路時，也會不知道該走哪條路，因為人生的道路並沒有那麼簡單。

最好的方法，就是不要東想西想，專注在目前該做的事上，努力做好眼前的工作。

只要每天都專注於眼前該做的事，你的身後就會出現一條走過的路。

不需要去思考「應該還有其他的路」、「早知道應該用其他方法」，不要猶豫不決，舉棋不定。

如果整天在意別人走的路，就會錯過自己腳下那條路上綻放的美麗花朵。

不要煩惱走哪一條路才能夠得到幸福，要相信自己選擇的路，就是通往幸福的路。

於是就會得到「大道通長安」的結果。

人生沒有正確答案。如果硬要說的話，你選擇的路就是正確答案。

即使走在昏暗狹窄的路上，也一定有光照亮的時候，也可能突然通往康莊大道，絕對不會一輩子都走在昏暗狹窄的路上。同樣的，我們也不可能永遠都走在充滿陽光的光明大道上。

但是，只要是相信自己選擇的路，無論是哪一條路，一定可以通往幸福。這就是人生。

第三章

一個人過日子的人際關係

在你的內心，
哪一個部分是絕對無法改變的？
這個世界上，
沒有任何一種關係
需要你改變自己的底線去維持。

了解自己的底線

人在降臨人世和離開這個世界時都是一個人。這是真理，但人活在世上，絕對不可能一個人。

既然我們無法擺脫人際關係，當然要努力建立能夠帶來喜悅的關係，而不是會帶來煩惱的關係。

良好的人際關係可以豐富人生。

但是，人的煩惱中，人際關係的煩惱占了大多數。

因為我們往往會在意別人更甚於我們自己。

從第一次見面的時候開始，就開始將焦點放在對方身上。「不知道這個人是怎樣的人？」、「不知道個性怎麼樣？」、「不知道價值觀、興趣是否和我一樣」，甚至思考「不知道我會不會喜歡這個人」，忘記了自己，將焦點都放在對方身上。

如果和那個人之間的關係不順利，就會立刻把責任歸咎於對方，認為對方的性格有問題，對方說話不中聽，對方沒有為自己做什麼……總之，都是對方的錯。

只要有這種想法，就不可能建立良好的人際關係。

不要將焦點放在對方身上，而是要注視自己。

首先要客觀認清自己，把自己分成四大部分。

第一，自己的哪些部分絕對無法改變，絕對無法讓步。

第二，如果想要改變，也不是不能改變，但盡可能不想改變的部分。

第三，只要有心，就可以輕易改變的部分。

部分。

第四，自己也認為改一改比較好的部分。

首先，正視自己的心情、想法和不自覺的行為，把自己分成這四個部分。

這樣有助於客觀地判斷和對方之間的關係，如果想要改變和對方之間的關係，請不要寄望於對方，而是要在自己身上尋求改變關係的契機。

既然已經發現了第三部分和第四部分，就要積極而努力地加以改變，尤其是第四部分，不要固執，要立刻改變。

但是，第一和第二部分不需要勉強自己改變，尤其是第一部分「絕對無法改變的自己」，一旦輕易改變，就可能會迷失自己。

對於自己絕對無法讓步的底線，無論對方是誰，都不需要讓步。

在公司時，有時候可能被迫改變重視的信念，但我認為即使是上司的命令，也不應該輕易服從。即使和上司發生衝突，也必須保護自己所重視的信念。

即使對方是朋友，或是夫妻之間也一樣。

任何人際關係都不需要勉強建立

重要的是，必須了解對方也有自己的第一和第二的部分。

因此，必須尊重對方的第一和第二部分，如果無法做到這一點，就不可能建立良好的關係。

不妨回顧一下自己至今為止的人際關係。好朋友、發自內心尊敬的上司和同事，或是情人、夫妻，在這些關係中，最重要的是什麼？

最重要的就是相互尊重對方的第一部分。

進一步而言，如果彼此的第一部分有決定性的差異，就不需要勉強來往。

當然，沒有必要故意和對方發生衝突，可以保持適當的距離，只維持表面的關係就好。

為人際關係煩惱的人，以及認為自己很不擅長人際關係的人，都有一個共同點，就是太想要和每個人都建立良好的關係，也就是想要面面俱到、八面玲瓏。

有時候為了迎合大家，委屈地改變了根本不想改變的自己。

如果一而再，再而三地發生這種狀況，就會永遠都無法建立真正的人際關係。

不妨重新檢視自己，然後好好珍惜自己的「第一部分」。

想笑就笑，想哭就哭，
想說話就說話。
這就是你「真實的樣子」。

真實的自己很輕鬆

人際關係會變複雜的重要原因之一，就是我們往往會有虛榮心。每個人的內心都或多或少會有一些虛榮心，想要讓自己看起來更出色，希望得到眾人的認同。

為了滿足這種虛榮心，也可能會激發進取心，努力讓自己變得更好，所以並不一定是壞事。

但是，如果只是想要獲得他人認同，這種虛榮心就完全沒有必要，要立刻擺脫想要受到眾人羡慕，想要別人說自己很厲害，想要讓眾人對自己刮目相看的虛榮心。

有一位三十多歲的女性告訴我以下的故事。她住在所謂的高級住宅區，她家只是普通的上班族家庭，但小孩子同學的媽媽很多都是有錢人，因為因緣際會，就加入了她們。

那些媽媽每個星期要聚餐三次，每次都會吃三千圓左右的午餐。她基於虛榮心參加了幾次，但漸漸覺得很沒有意思，有一天，她鼓起勇氣婉拒了午餐會。

「妳為什麼不來參加？」當其他人問她時，她實話實說：「因為我家的經濟吃不起三千圓的午餐。」

之後，那些媽媽就沒有再邀請她參加午餐會。

但是，故事還沒有結束。在她婉拒午餐會的幾天之後，一起參加午餐會的另一名成員寫了電子郵件給她，上面寫著——

「其實我家的經濟也吃不起三千圓的午餐，但我不想被別人知道，所以就一直參加到現在，但我也決定不再參加了。下次要不要去便利商店外帶咖啡，然後一起去公園聊天？」

那次之後，她們就經常喝著一百圓的咖啡，一起在公園度過愉快的時光。

很多人因為不必要的虛榮心，把自己逼到無路可退。

最重要的是，努力做真實的自己。

即使打腫臉充胖子，也遲早會被拆穿。而且即使騙得了別人，也騙不了自己。越是欺騙自己，隱藏自己的盔甲就會越來越厚重，心理壓力也就越來越大。

做真實的自己，心情就可以很輕鬆。

想笑就笑，做自己想做的事，如果提不起興致，就面帶笑容婉拒。

能夠這樣心情放輕鬆的人，才是活出真實的自己。

不虛榮，琢磨自己這塊玉

有一句禪語叫做「玉不磨無光」。

每個人內心都有寶石，就像只要琢磨就會發光的原石。但如果原石不努力琢磨，終究只是石頭，所以要找到自己內心的原石，努力琢磨出光芒。

虛榮心就像是不琢磨內心的原石，卻冒充是寶石。

如果想要讓自己看起來更了不起，就努力讓自己變得了不起。想要更受到肯定，就努力做出能夠受到肯定的成績。

活出真實的自己，是一件很輕鬆愉快的事。

一定有人能夠接受這樣的你，也一定有地方會肯定這樣的你。必須相信這一點，每天努力磨練自己。

即使沒有受人歡迎的方法，
至少有不被人討厭的方法。
那就是面帶笑容向別人打招呼。

受人喜愛和受到肯定是兩碼事

每個人都希望受到周遭人的喜歡，不想被別人討厭。比起被討厭，當然更希望受到喜愛。

但是，想要受到別人喜愛的想法太強烈，有可能變成一種折磨。

首先思考一下，為什麼你希望受到大家的喜愛？為什麼你不希望被討厭？

仔細思考之後或許會發現，自己產生了誤會。

也就是誤以為受人喜歡等於自己受到了肯定。

這是很大的誤會。

別人喜歡或是討厭自己，和對自己的評價好壞完全沒有關係。

評價很客觀，但喜歡或是討厭則是感情的表現，並不是受到很多人喜愛的人就代表受到了肯定，也不是被大家討厭的人就代表遭到了否定。

首先必須了解，喜歡和討厭是感情的問題，無法用數字來計算。

所以，並不存在受人歡迎的方法。

比方說，想要對方喜歡自己時，會做哪些行為？

想要眼前的對象喜歡自己時，很多人都會努力迎合對方說的話、對方的性格，說一些好聽的話、稱讚的話，避免對方不開心。

即使覺得對方說的話不正確，也會迎合對方的意見。

如果對方拜託什麼事，就無法拒絕。即使很不想做，為了博取對方的歡心，也會硬著頭皮做。

經常做這種事，遲早會迷失自己。

如果重視他人的心情勝過自己的心情，把取悅別人放在首位，就會

漸漸無法認同自己，失去自信。

而且，這樣的關係不可能持久。因為在對方眼中，有求必應的你只是工具人。

我們會聽到別人說「那個人是好人」。當然有可能真的是好人，但大部分應該都是代表「那個人是我的工具人」。

努力想要讓別人喜歡自己的人，不妨檢視一下自己周遭的朋友，然後思考一下。

你真的需要那個朋友嗎？

你們相互信賴嗎？

那個朋友對你提升自我有幫助嗎？

從這些角度檢視之後，也許就會發現，其實根本不需要努力讓別人喜歡自己。

即使被討厭，自己也無能為力

雖然想要別人喜歡自己是一件困難的事，但不讓別人討厭自己卻很簡單。

首先要做到面帶笑容向別人打招呼。

早上見面時，面帶笑容地道「早安」，除此以外，不需要再多說什麼。如果對方說「今天很冷」，只要回答一句「真的很冷」就好，不需要勉強想話題硬聊。

其次，要做到避免不必要的衝突。

即使對方說了自己無法苟同的話，只要說一句「原來還有這種想法」，左耳進，右耳出。

只要在重要的事上堅持自己的主張就好。由此可見，日常的交談基本上都是一些無足輕重的事。

即使自認自己沒有做任何討人厭的行為，可能還是會遇到討厭你的人。但這是對方的問題，是對方內心產生的感情，你根本無能為力，所以就看開一點，這不是你的問題，而是對方的問題。

總之，只要有一、兩個彼此信賴，能夠一輩子交往的朋友就足夠了。如果有三個這樣的朋友，那就是無比幸福的事，一定要好好珍惜這樣的朋友。

只有準備好迎接緣分的人，
才能夠把握緣分。
如果用有色眼鏡看人，
就會錯失緣分。

能夠把握緣分，和無法把握緣分的人

我們是因為有緣，彼此才會認識、交往，但緣分到底是什麼？

佛教認為，「緣分會公平出現在每個人身邊」，也就是說，「沒有緣分」或是「緣分離我很遙遠」的人並不存在。

只是有的人能夠把握出現在自己身邊的緣分，有的人錯失了緣分。

如何才能把握緣分呢？

有一則軼事。在同一個地方，有兩棵相同的梅樹。春天時，進入了梅花盛開的季節，但其中一棵梅樹開了花，另一棵梅樹並沒有開花。

為什麼會出現這樣的差異？佛教認為——

「當春天的腳步靠近時，為開花做好準備的梅樹在天氣暖和之後，就可以綻放出花朵。但是，另一棵梅樹認為春天還很遙遠，沒有為開花做好準備，於是就錯過了開花的時機。」

人的緣分也一樣。

以結婚為例，隨時做好如果有理想的對象出現，就要和對方結緣心理準備的人，當緣分真的出現時，就可以把握緣分。相反地，整天把「很想趕快結婚」掛在嘴上，卻完全沒有這種心理準備的人，即使真的出現了美好的緣分，也無法把握緣分。一旦錯過的緣分，就會永遠錯過了。

只有隨時做好準備的人，才能把握出現在眼前的緣分。

並不是所有的緣分都是好的緣分，有些緣分不可以結，或是不需要結。會和這種緣分結緣的人，是因為內心有這樣的心理準備。會和怎樣的緣分結緣，完全取決於自己。

不要用「他人的眼光」和「帶著成見的眼光」看別人

想要和好緣分結緣，最重要的是不能戴著有色眼鏡看人。

不要用成見、傳聞和先入為主的觀念加以判斷。

如果用先入為主的觀念看待他人，在認識對方之前，就已經決定了和對方之間的關係，當然無法締結好的緣分。

「大家都說他是一個好人（討人厭的人），我想應該八九不離十」、「我對那個人的印象很不錯（印象很差）」、「他一定很厲害（沒有什麼了不起）」、「他可能討厭（喜歡）我」，這些先入為主的想法通常都不正確，然而，一旦我們用這種成見去判斷對方之後，就很難再有所改變。

我們對他人的印象往往很複雜多樣。

比方說，針對某一個行為，有人覺得很親切，有人就覺得很煩。因為每個人的感性不同，所以也會有不同的感受，根據傳聞或是成見判斷他人未免太可惜了。

有一句禪語叫做「悟無好惡」。

這句話的意思是，如果能夠不帶有成見，而是看到對方真實的樣子，就不會有喜歡或是討厭的感情。

喜歡或是討厭的感情並不是來自對方。

而是你內心對對方的成見和誤會製造的感情。

禪的世界認為，要坦誠面對自己的內心，不要受不必要的因素影響，這才是每個人真實的樣子。

當我們用有色眼鏡判斷他人，也同樣會用有色眼鏡來看我們自己。

你現在有沒有戴著不必要的有色眼鏡？

雖然隨時都在身邊，但並不覺得礙眼，
少了對方，就無法生存。
夫妻就是這種像空氣般的存在。

「夫妻」不是一個單位，而是「一個人」和「一個人」的關係

和以前相比，有很多夫妻選擇離婚，而且聽說熟年夫妻的這種傾向更加顯著。現代人認為，沒必要和不想看到的人過一輩子，所以比以前有更多的選擇，這或許也是自然發展的結果。

但是，我認為許多人對結婚產生了誤解。

是不是有人希望自己和另一半之間百分之百了解，也相信可以百分之百了解彼此？

只要不捨棄這種想法，夫妻之間應該會爭吵不斷。

必須了解到，自己和別人之間不可能百分之百了解。

這並不是灰心，也不是冷酷。

因為每個人都有自我，即使父母和子女之間，也不可能百分之一百了解。

更何況我們百分之百了解自己嗎？我們對自己的某些部分也無法了解，既然連自己都無法徹底了解，當然不可能徹底了解對方。

這是很理所當然的事，但那些認為和另一半之間可以百分之百了解的人，會認為「遭到了背叛」、「和我想的不一樣」、「為什麼不了解我？」，然後責怪對方。

如果夫妻雙方都知道根本不可能百分之百了解對方，就會在平時相處時，和另一半保持適當的距離。

「彼此只要能夠了解百分之六十左右就好，剩下的百分之四十不了解也沒關係。」

當夫妻雙方都有這種想法，就可以無風無雨，平靜地過日子。

我認為夫妻關係圓滿的秘訣，就在於把對方當空氣。空氣隨時都存在，卻不會覺得礙眼，但是少了空氣，就無法生存。

而且必須意識到，夫妻雙方都是「一個人」。

夫妻雙方都是一個人，就代表要尊重對方的時間，不加以干涉。

「夫妻」並不是一個單位，而是「一個人」和「一個人」在一起。

有一對退休的夫妻，丈夫決定六十歲後，就要搬回老家九州生活，但太太在橫濱出生，也在橫濱長大，不想去完全沒有朋友的九州生活。

雖然太太想讓丈夫回老家生活，但自己並不想一起搬過去。

他們夫妻在討論之後，決定讓丈夫一個人搬回九州。

這對夫妻的感情很好，他們尊重彼此，所以不會強迫對方接受自己的想法，才能夠做出這樣的決定。

即使是夫妻，也不一定要住在同一個屋簷下，不一定要生活在一起。即使分開生活，只要能夠感受到對方的存在，就可以繼續當夫妻。

夫妻不是「兩個人」，而是「一個人」和「一個人」在一起。夫妻雙方都記得這件事很重要。

孤獨來自於內心。
孤立是在不知不覺中，
陷入了這種狀態。

一個人並不孤獨

有些人每天的行程無法排滿，就會感到不安。如果假日沒有行程，非要塞一些行程，才會感到滿足。

但是，這些行程真的能夠讓你的心靈感到滿足嗎？

是否只是因為對一個人感到害怕，不想體會孤獨感，所以才用這些行程來填滿自己的時間？

有人說討厭孤獨，但孤獨並不是實際存在的東西，也不是代表某種狀態。

而且，也不是一個人就代表孤獨。

孤獨是內心的感受。即使周圍有很多人，仍然可能會感到孤獨。相反地，即使一個人在家，內心也可以感受到溫暖的連結。

當內心感覺到孤獨時就是孤獨，如果並不覺得自己孤獨，那就不是孤獨。

孤獨沒有實體。

即使假日獨自在家，即使沒有和任何人見面，一個人度過，也不要認為這是孤獨，而是要思考如何安排這些時間。

時間的使用方式就是生命的使用方式。

要讓自己的生命變得孤獨，還是自由創造出某些東西，都完全取決於自己。

孤獨並不可怕，孤立才可怕

孤獨並不可怕，可怕的是遭到周圍的孤立。

孤立並不是內心的感受，而是在不知不覺中陷入的狀態。

「孤獨死」是一個很悲傷的字眼，但每個人離開這個世界時都是一個人，都是在孤獨中離開，即使擔心害怕也沒有用。

真正可怕的應該是在孤立中死去。

自己排擠他人，就會造成孤立。

或許有人說，是別人排擠自己，但是你必須了解到，我們所有的狀況都是自己造成的，責怪他人、責怪社會只是藉口。

同時必須了解到，孤立會輕易地出現在我們的生活中。

我認識的一位女性編輯告訴我一件事。在東日本大地震的那一天，她剛好請假在家，地震發生後，她立刻聯絡了丈夫和兒子，幸好確認全家都很平安，她鬆了一口氣，然後又開始為自己感到不安。在丈夫和兒子回家之前，她一個人在家，電視上不斷播放悲慘的景象，她不知道自己所住的區域，自己同一棟公寓的鄰居是否安好。

這時，她猛然發現，她完全不認識同一棟公寓的住戶，也不認識住在同一個社區的人，根本無法向左鄰右舍了解情況。

她一直認為自己交友廣闊，因為在工作上會和很多人產生交集，所以她對此深信不疑。

但是，一旦離開了公司，就完全沒有關心自己的朋友。雖然在這棟公寓、在這個社區住了很多年，卻完全沒有任何朋友。當時，她感受到極大的孤立感。

任何人都遲早會離開職場，另一半也可能比自己先走一步，兒女也會成家立業。如果自己不採取任何行動，孤立就會輕易出現在眼前。

為了避免這種情況發生，必須珍惜日常生活中一些微不足道的緣分。平時保持溫暖的笑容，帶著笑容和別人打招呼，就是擺脫孤立的捷徑。

要有「利他心」，
不要只想到自己不吃虧，
更要有想要對別人有所貢獻的心態。
這種心態可以建立溫暖的關係。

凡事都從利害得失的角度思考，才會產生不平和不滿

我們有時候會用施與受（give and take）來形容人際關係，人際關係建立在給予和接受的互讓互惠的基礎上。

但是，如果在對別人有所貢獻時所想到的是回報，那就是計較利害得失。

如果在任何事上都把自己做的事，和希望對方為自己做的事放在天秤上衡量，就會變成期待「既然我為你做了這些，你就應該為我做那些」，或是認為「我為你做了那麼多，你為我做這些是理所當然的」，甚至會生氣「你為什麼沒有為我做這些？」成為人際關係中不平和不滿的來源。

佛教世界中有「利他」的精神，就是首先要考慮對對方有利的事。**不是以自己的利益為優先，而是要優先考慮對對方有幫助的事。**

這種「利他心」可以豐富我們的人際關係。

有一句禪語叫做「無功德」，這是來自於達摩大師和梁武帝之間的問答。

梁武帝問達摩大師：

「至今為止，我建造了很多寺院，也有很多人出家去那些寺院，我自認為對佛教很有貢獻。我對佛教有這麼大的貢獻，到底有多少功德？」

梁武帝的意思是，他建造了那麼多寺院，對佛教有巨大的貢獻，可以獲得怎樣的回報。

達摩大師聽了梁武帝的問題後，只回答了一句話，那就是「無功德」。

也就是說，沒有任何回報。

達摩大師想要傳達的是，「無心無作」才是禪的基本思考方式。

自己的所有行為，對別人所做的行為都必須出自無心，不可以有謀略或是算計。

做任何事時不要期待回報或是報酬，只是為對方著想。

禪認為，只有出於這種真心誠意的行為才是美好的行為，這種生活方式才是清新的生活方式。

達摩大師的這句話，讓我們了解利他精神的美好和重要性。

日本人都有「回禮」的習慣。當自己農田中的作物豐收時，就會和左鄰右舍分享。收到鄰居分享的農作物後，就會找機會回禮，但這並不是基於「因為收到別人分享的東西，所以必須要回禮」的規定和義務感。

雖然分享、互贈的是「物品」，但同時也是「心」的交流。

沒有人會去計較自己送了鄰居三尾魚，對方卻只給自己一條地瓜。
只要有心靈的交流，就不會感到寂寞，也不會有孤立感。
因為在彼此分享的過程中，左鄰右舍建立了良好的關係。
這就是「無功德」，也是「利他精神」。
用利害得失要求對方為自己做什麼，會讓自己的日子越來越難過。

具備「不期待」對方的溫柔

「我老公從來不幫忙做家事，也不幫忙照顧孩子」，我們經常會聽到這樣的抱怨。不幫忙做家事，不幫忙照顧孩子的丈夫當然不對，但是，如果整天為丈夫不幫忙分擔家事生氣，就無法心情舒暢地過日子。

既然這樣，不如一開始就不要指望。既然丈夫不幫忙，那就乾脆決定自己做。

事實上，與其教笨手笨腳的丈夫做家事，還不如自己做比較快，也不需要為教丈夫或是提醒丈夫感到心浮氣躁。

只要一開始就不抱有期待，就不會失望，也不會心煩。如果丈夫願意幫忙，那就欣然接受。

於是你會發現，不期待對方，會對自己和對方都比較溫柔。

隨時思考能夠為對方做什麼，無論在家庭和社會上的人際關係都會更加圓滿。

第四章

「一個人過日子」的心理準備

與其努力獲得正確的知識，
還不如磨練自己的五感，
才能得到對自己有幫助的資訊。

我們天生具備了生存的智慧

在佛教的世界，無論做任何事都是向右轉。因為根據地球的磁場，右轉是順轉，左轉就是逆轉。

眾所周知，佛教來自印度。印度這個國家位在北半球，北半球受到磁場的影響，所有的東西都向右轉。日本也一樣。

比方說，把洗澡水放掉時，只要把浴缸的塞子拔掉，就會形成激烈的水流。水流一定是向右轉，也就是形成順時鐘旋轉的漩渦。相反地，如果在南半球就會向左轉。

對生活在北半球的日本人來說，「右轉」是順應大自然，受到阻力比較少的狀態。

不知道各位是否曾經有這樣的經驗，搭電車時，和坐在與行進方向相反的座位上相比，坐在和電車行進方向相同的座位時，身體更輕鬆。同樣的，遵循大自然的生活更理想。

日本人睡覺時，有「北枕」的習慣，也就是頭朝北，腳朝南。但在佛教中，當人往生之後，會讓往生者頭朝北睡，所以有人認為「北枕」很不吉利，尤其是迷信的人，很討厭「北枕」。

但其實情況剛好完全相反。因為在北半球，磁場朝向北方，也就是頭朝北睡是符合大自然的狀態。而且有人認為採用「北枕」的方式，腦袋比較涼快，有益身體健康，睡眠也可以更深。

在人往生時，為了讓往生者長眠，所以就讓他們頭朝北睡。是基於這樣的想法，建立了讓往生者北枕的習慣。

人類從大自然中獲得各種智慧。

即使在科學還不發達的時代，人類也憑著本能，了解了對人類舒服和有效率的方法。

農業也一樣。現代的曆法使用的是太陽曆，又稱為陽曆，是來自西方的曆法，以前的日本使用的是陰曆。

比方說，茶農會在「八十八夜」採茶葉。「八十八夜」就是在陰曆的立春後八十八天，這個時期是昆蟲出動、草木發芽的季節。

即使不看日曆，以前的人也都會用身體感受季節，接收大自然的睿智生活。

由此可知，人類已經從大自然中獲得了很了不起的智慧。

比塞在腦袋裡的知識更重要的東西

人類具有知識和智慧，兩者對生存都很重要，但在現代社會中，往往將焦點集中在知識上。

知識其實是科學資訊。比方說，每天播報的天氣預報就是如此。分析氣象衛星傳回來的雲圖，比對之前累積的資訊，然後預測天氣情況。因為是有科學根據的預測，所以預報的準確率也相當高。但是，過度依賴科學，就會漸漸忘記人類與生俱來的能力。

在我小時候，天氣預報沒有「降雨機率百分之六十」這麼精準的資訊，而是很模糊的預告。氣象主播會預告「今天的天氣將是晴到多雲，局部地區將有陣雨」，完全不知道到底是晴天還是陰天，或是甚至會下雨。

「局部地區」又是指哪裡？當時還是小孩子的我，內心產生了這樣的疑問。

因為這個原因，所以與其相信不可靠的天氣預報，還不如相信自己的感覺。在快下雨的時候，空氣中會有雨的味道，那是一種空氣潮濕的獨特氣味。即使現在上了年紀，我仍然沒有忘記這種感覺。我可以用鼻子嗅到雨的味道，可以藉由短袖襯衫露出的手臂感受到濕氣，然後不到一個小時，就真的會下雨。當我和同年紀的人聊起這件事，大家都有同感。可能是身體牢記了從小培養的感性。

某個漁港有一名退休的漁夫，老人每天早上都會去看海。年輕的漁夫在出海之前，都會來向老人打聽：

「老爹，今天出海捕魚沒問題吧？」

電視上每天都會播報建立在科學分析基礎上的天氣預報，但ㄋ

輕人即使看了天氣預報，仍然會來問老人。

「今天傍晚會起風，所以盡可能早點回來。」

老人告訴那些年輕漁夫。

天氣預報說，那一整天天氣都很晴朗，海上也不會有海風。即使如此，漁夫仍然相信老人的話，說好下午會提早回到漁港。因為他們知道，老人的話絕對正確。

這就是人類的智慧。或許難以說明為什麼沒有科學，也可以有這種智慧。

我們常會提到直覺或是第六感，建立在自己的經驗和自己獨特感覺基礎上的智慧，有時候是具有科學力量也無法匹敵的高度判斷。

我認為人類失去與生俱來的能力並不是一件幸福的事。

不要不加思考地完全相信別人的話，完全接受社會上的資訊，導致內心的不安；也不要被憤怒和悲傷支配，首先要保持平靜，然後問自己，以自己的經驗，會如何思考這些問題。

你的生命即使在你死了之後，
仍然會繼續延續。
你的生活方式決定了會留下什麼，
以及留在誰的心上。

人的生命永恆延續

自古以來，人們就認為砍伐造房子的建築木材的最佳時間，是在十一月新月的日子，而且是在退潮的時候。因為這一天是一年之中地心引力最弱的時候，樹木吸水的力量減弱，所以木頭中的含水量較少，不容易腐爛，也就成為最適合用於建築的木材。在夏天砍伐的木材含有的水分較多，需要花時間慢慢去除水分，增加強度，才能夠成為經久耐用的木材。

據說使用這種木材建造的房子很耐用，用樹齡一千年的木頭建造的房子，也可以維持一千年。法隆寺被認為是全世界最古老的木造建築，至今已經經過了一千三百年的歲月，就是因為當初建造時花了很多時間，也很用心。

用這種木材建造的木造建築可以住好幾代，但現在很少有三代同堂的家庭，都是以核心家庭為主，鋼筋水泥的公寓也取代了木造建築。

但是，無論家庭形態如何變化，我們都從父母、祖父母，以及眾多祖先身上繼承了很多東西。

除了生活方式和生活的智慧以外，最重要的是我們獲得了生命，能夠活在當下。每一個人都有幾千個、幾萬個，甚至是幾百萬個祖先，只要少了其中一個，我們就無法誕生在這個世界。這麼一想，就會發現自己能夠活在世上，簡直就是奇蹟。

一個人的一輩子不到八十年，再怎麼長，也不過一百年。在歷史的長河中，是很短暫的瞬間。但是，即使自己死了之後，生命並沒有結束。

即使身體從這個世界消失了，自己的生命成為活過的證明，仍然留在周圍人的心中。

你如何走自己的人生路，將留在別人的心中

你是否曾經想過，你可以為你所愛的人留下什麼？

或許有人會說財產，但財產只是結果，我認為留下你的生命其實更加重要。

所謂的留下生命，其實就是要留下你的所思、所想，以及你的生活方式。

當你留下的這些活在心愛的人心中時，你的生命也將持續延續下去。

有一句禪語叫做「巖谷栽松」。

臨濟禪師的師父黃檗禪師走在凹凸不平的岩石區，臨濟禪師努力在

堅硬的岩石區種松樹苗，師父黃檗禪師就問臨濟：

「你在這片岩石區種樹苗，樹木也不可能長大。即使順利長大，五十年後，松樹才會變成大樹，你早就看不到了。你應該知道這些，為什麼還要種這些松樹呢？」

臨濟回答說：

「我種這些松樹並不是給自己看，而是為後人而種。這裡都是岩石，或許無法順利長大，但如果放棄種植，這座山上就沒有松樹了。我相信未來，所以要在這裡種松樹。」

我認為這番話意味深長。可以讓我們捫心自問，我們該如何生活？

不要留下結果，而是要留下生活方式。

努力做一些能夠留在別人心中的事，就會很自然地活在別人心中，生命就會一直延續。

生活周遭的物品，和你周圍的人，
是不是能夠豐富你的人生？

生活周遭的事物讓我們了解自己的人生

雖然每個人終有一死，但有多少人活在世上時，意識到死亡這件事。有些人不喜歡思考死亡的問題，認為不吉利，但即使不思考死亡，也無法避開死亡。

人類唯一的真實，就是活著的人都會死亡。

而且，死亡會突然出現。正因為這樣，意識到死亡，就是意識到活著這件事。把死亡放在心上，能夠讓我們發現生命的喜悅。

死亡有一天會降臨，在思考包括死亡在內的人生時，會很自然地了解該怎麼活。

在意識到死亡時，首先要做的事，就是捨棄不必要的東西。在離開這個世界時，最好能夠輕鬆上路。

在觀察自己生活周遭的物品時，到底有多少是自己真正需要的？有多少物品是真正能夠豐富自己身心的必要物品？

我相信大部分都是基於虛榮和執著所買的東西，為了偽裝自己。基於執著和虛榮所買的東西不可能豐富身心，即使能夠滿足身心，也只是短暫的瞬間。

只有深入了解自己，活出自己的人生時所需要的物品，才是能夠豐富自己身心的物品。

人在失去自我時，很容易受到虛榮和執著的影響，藉由滿足物欲得到安心。但是，充滿物欲的人生無法帶來心靈的安寧。

在了解這一點的基礎上，我在買東西時，通常會將想買的東西分成三大類後，再思考到底要不要買。

第一類是無論如何都需要的東西。第二類是有的話會很方便，但即使沒有，也可以用其他方法代替的東西。第三類是目前不需要的東西。

我只會買第一類的東西，如果屬於第二類和第三類，即使我想要，也不會去買。因為那些東西遲早會變成「被丟棄的東西」。

不妨觀察一下自己的周遭，思考一下自己的生活方式，就反映在生活周遭的物品上。是不是為了滿足眼前的欲望和虛榮而買的東西？是不是為了消除不安和壓力而買的東西？

從自己生活周遭的用品，可以了解至今為止的生活方式。

讓周圍充滿豐富自己人生的人和事物

並不是只有物品可能是自己人生中不需要的東西，有些人際關係，有些緣分也不需要。

我們在日常生活中會締結很多緣分，我建議大家可以整理一下，這些緣分是否有助於豐富自己的人生。

發自內心認為「一個人也沒問題」的人，能夠建立值得信賴的人際關係。這種人不會為人際關係感到不安、不滿和煩惱。

無法建立明確信賴關係的人，內心就會產生「這樣下去不行」的不安和不滿，為了消除內心的不安和不滿，就努力交朋友，結果又在新的關係中感到不安和不滿，陷入惡性循環。

但是，即使是無法豐富自己人生的緣分，也不必特地和對方斷絕關係，更不需要告訴對方「我以後不想再和你當朋友了」，沒必要用這種挑釁的方式斷絕和對方的關係。因為緣分這種東西，只要雙方都沒有任何行動，就會自然消滅。

如果有交往多年的朋友，可以回想一下和對方之間的關係。你們的朋友關係之所以能夠維持這麼久，是因為雙方都做了能夠使這種關係維持下去的行動。

一旦想要和誰斷絕關係，只要做相反的事就好，只要不主動聯絡對方就解決了，乾脆連賀年卡也不要寄。

不採取任何行動，和他人之間的緣分就會自然斷絕。

不妨檢視一下自己身邊的物品和緣分，是否有助於豐富自己的人生。

光是思考這個問題，就可以讓人生變輕鬆。

批評他人很簡單。

在強迫別人接受自己認為正確的事之前，

不妨思考一下，

自己是否能夠接受別人的意見。

不要強迫別人接受自己認為正確的事

現在藉由網路，將自己的想法和意見傳達給社會這件事變得很簡單。表達自我變得更方便，也是現代社會的特徵之一。這雖然是一件好事，但同時也隱藏著危險。

沒有經過充分思考就表達的內容，一貼出去就會被很多人看到，有時候甚至會發展成誹謗和中傷，引發糾紛。有時候自己基於良善目的而做的事，會招到意想不到的批評。

曾經有一個育有一對年幼雙胞胎孩子的媽媽，在網路上發文——

「雙胞胎的嬰兒車體積很大，搭公車時，會被其他乘客認為很礙事。有的乘客要我在上公車前，把嬰兒車收起來，但我無法抱著兩個孩子，再收嬰兒車，所以根本無法帶著雙胞胎的孩子搭公車。」

這則發文引起了正反兩方面的討論。有人認為「公車上的其他乘客可以稍微幫一下忙」，也有人認為「體積很大的嬰兒車真的很礙事，在小孩子學會走路之前就該忍耐，不要搭公車」。

不光是搭公車，通勤電車也經常有類似的討論。通勤時間的電車原本就很擁擠，有人會覺得還帶著嬰兒車搭電車，簡直就是缺乏常識的行為。但是有人在去公司上班之前，必須將小孩子送去托兒所，所以無論如何都必須帶著孩子搭電車。

每個人都在網路上表達自己的意見，通常並不是討論，而是在攻擊和自己不同意見的人。每次看到這樣的相互攻擊，我都忍不住感到心寒。

我認為大家有不同的想法是一件好事，但必須了解到，並不是只有自己的想法才正確。

人往往不願意傾聽對方的意見，強迫對方接受自己認為正確的意見。

隨著網路的出現，更加速了這種風氣。

「換成我會怎麼做？」的想像力很重要

為什麼現代社會變成這種誹謗中傷的社會？我認為是因為失去了「同理心」。

當每個人身處的立場不同時，對事物就會有不同的看法。自己的思考方式也取決於目前身處的立場和環境。

比方說，家中有幼童的人，即使看到有人帶嬰兒車搭公車，也不會覺得困擾。有人看到嬰兒，可能會想起自己的孩子；看到那位母親，可能會想起自己照顧孩子的情況。但是，如果生活周遭沒有嬰兒，那些人就會覺得小孩子的哭鬧聲和嬰兒車都很煩。

遇到問題時，努力設身處地思考。不要認為事不關己，不妨當作是自己的事思考一下。

別人為自己帶來困擾的行為，也許自己以前也曾經做過。

在責怪對方的言行之前，想像一下如果換成自己會怎麼做。這種想像力很重要。

我們生活在社會上，需要相互體諒，因為我們的生活就是造成彼此的困擾，然後彼此諒解。

批評他人很簡單，但不要馬上否定對方，而是努力站在對方的立場上思考一下。比方說，如果覺得兒女學校的規定很奇怪，不要拿起電話就去向學校抗議，而是要站在不同的立場上思考一下。站在家長的立場思考，或許想要反對，但有時候站在老師的立場上想一下，或許就能夠理解。

站在不同立場思考的想像力有助於開拓視野，具備這種想像力的人，

能夠避免沒有意義的衝突。

世界上所有的事都有相同的情況。假設首相提出了某一個方針，當和自己的意見相左，或是對自己不利時，有些人就會大肆批判。因為批判很簡單。

但是，那個政策可能會幫助到一些人，而且也一定是基於某些背景，才會決定那項政策。如果能夠發揮想像力，思考「如果我是首相會怎麼做」，就會了解到光批判是多麼輕鬆簡單，而且批評無法創造任何東西。

我認為只要每個人稍微有一點想像力和當事人的意識，就可以找回以前那個富有「同理心」的社會。

網路社會是一個「說話不負責任」的世界，每個人在網路上對自己說的話不負責任，只是寫下一些情緒發洩的話。

生活在這樣的社會中，會累積越來越多莫名的不安，這正是網路這個幻想社會創造的不安。

是否能夠將自己周遭的一切，視為自己的事進行思考？這有助於建立溫暖的人品，也有助於建立一個溫暖的社會。

這個世界上，沒有任何東西不在改變。
重要的是，不要拒絕變化，
而是培養一顆面對任何變化都同樣堅定的心。

要有一顆堅定的心，接受所有的變化

我們生活的社會隨時都在持續變化。即使看似日復一日都一樣，但昨天和今天絕對已經發生了變化，因為這個世界上沒有任何不變的東西。

有時候會遭遇公司倒閉、失業，或是親人去世等超乎想像的變化。

但是，人生不會因為這些事就結束。

即使公司倒閉，即使今天的日常和昨天不一樣了，只要還活著，人生就會繼續。

我認為必須有一顆「堅定的心」，才能夠接受變化，隨機應變。

日文中的「動搖」帶有「不安、失去平靜」的意思，在平時也經常會用到這個字眼，但平時聊天時很少會說「堅定的心」。

不安和失去平靜是內心在剎那間的狀態，當遇到以前從來沒有經歷過的事，或是巨大的變化突然出現在眼前時，我們就會失去平靜，感到不安。

一旦陷入這種狀態，我們就無法冷靜思考，也就是「腦筋一片空白」的狀態。

「堅定的心」就是避免讓這種不安在內心停留。

修行的僧人雲水僧每天早上修行都要坐禪，坐禪時必須腦袋放空，什麼都不想，排除所有的雜念，但往往無法進入這麼完美的狀況。在坐禪的時候，腦海中會浮現很多事。

但是，禪僧隨時會做到不讓浮現在腦海中的事物停留。

那就是不理會浮現在腦海中的思考和想法。

我也會努力不讓瞬間的喜怒哀樂停留在內心。雖然喜悅是正向的感情，但就連喜悅也不會在內心停留。只要養成這樣的習慣，就可以培養「堅定的心」。

禪語中有「柔軟心」這三個字，就是要我們努力培養一顆柔軟的心。

因為社會隨時都在變化，我們也必須跟著變化，擺脫僵硬的思考，有一顆變幻自在的心。

凡事輕鬆愉快，
輕鬆過日子並不是幸福。
因為這樣並沒有充分運用生命。

方便輕鬆的生活並不等於幸福

這個世界越來越方便了。

昭和初期，大家都要用抹布擦地，現在掃地機器人就會自動打掃。

隨著人工智慧的發達，我們的生活的確變輕鬆了，但我們必須認識到，方便輕鬆並不等於幸福。

借助便利的工具當然沒有問題，然而，一旦養成習慣，就會在所有的事上都依賴他人或是某些工具，自己不再動腦筋想辦法解決，而是等待別人或是其他工具來解決。

當生活發生問題或是困難時，不會想要主動解決，而是覺得如果別人不幫自己解決，就很傷腦筋，陷入這種思考。

說得誇張一點，方便的工具會奪走我們的能力。

現在的年輕人從出生的時候開始，家裡應該就有洗衣機了，洗衣服只要按一下洗衣機的按鈕就好。日本人原本具備了擰乾抹布的靈活能力，但如果不使用這種能力，以後就會漸漸失去擰乾抹布的能力。這很明顯是一種退化。

我們禪僧在修行時，每天早上都會打掃，幾乎每天都要打掃各自的責任範圍，然後用抹布擦乾淨。寒冬的時候，必須用冷得讓手都凍僵的水洗抹布，然後用全身的力氣擦地。因為每天都打掃，即使一、兩天不擦地也很乾淨，但修行僧仍然每天都用抹布擦地，因為打掃可以磨練自己的心。

寒冬時，洗抹布可以感受到水有多冷。盛夏季節，在打掃庭院時總是大汗淋漓，可以感受到夏天的酷熱。

透過身體去感受，才是活著的真實感覺，也能夠體會到生命的可貴。

如今冬天可以躲過寒冷，夏天也可以遠離酷熱，不需要自己動手，掃地機器人就會幫忙打掃。自己什麼都不用做，只要坐在那裡發呆就好，這就是目前的時代發展的方向。

只要活在世上，你就有自己的使命

有些人身體很健康，卻抱怨「沒事可做」，這等於在浪費寶貴的生命。

現在是即使「沒事可做」也可以過日子的時代，但是以前如果不做事，就無法生活。

我小的時候，在我目前擔任住持的建功寺，也要燒柴煮飯。我很小就幫忙把柴火放進爐灶，現在回想起來，仍然覺得很懷念。

每個人都為了生存發揮了某些作用。

然而，在現代社會，必須為生活分擔的事變少了。

如果不自己努力尋找自己該做的事，就會陷入「沒事可做」的狀況。

知名的百丈禪師曾經說過「一日不作，一日不食」這句話，這句話經常被認為是「一天不工作，就一天不該吃飯」的意思，但其實完全不是。

工作不光是生產而已，每個人都有各自的使命，必須思考自己被賦予了什麼使命，然後必須付諸行動，完成自己的使命。

而且，人類具備了巨大的能力。

據說，人類只發揮了兩、三成與生俱來的能力。自認自己沒有什麼能力的人，往往是因為依賴他人，自己不努力尋找該做的事，而是等待別人的指示。

是不是把「沒有人認同我的能力」、「環境太差，讓我無法充分發揮實力」當作藉口，缺乏踏出一步的勇氣？

必須充分運用上天賦予我們的生命。

每個人都有「定命」，不同的人有不同的壽命。有的人可能是一百年，也有的人可能只有三十年。雖然每個人壽命的長短不同，但每個人的使命價值相同。

這個世界上沒有任何人沒有價值，沒有任何人沒有使命。要放棄依賴心，作好一個人的心理準備，邁向自己的人生路。

聰明的馬，在揮鞭之前就會奔跑；
笨馬在揮鞭之後，感到痛了之後才開始跑。
聰明人在生病之前，就了解生命的可貴；
笨人在接觸到死亡後，才知道死亡。

活在這一刻的奇蹟

有一句禪語叫做「山僧活計茶三畝，漁夫生涯竹一竿」，這句話直譯就是「禪僧只要有三畝茶園就可以生活，漁夫只要有一根釣竿就可以活下去」。

這句話的意思是，即使增加許多不必要的東西，也無助於精進。

由此告訴我們，人類在人生路上，真正需要的東西並不多，了解這一點非常重要。

對自己而言，最重要的東西是什麼？我在修行時代找到了自己最重要的東西。為了成為禪僧的雲水修行並沒有固定的時間，有人花了三年時間，也有人一年就結束了，更有人花費了十年的時間。雲水的修行十分嚴格，很多人在剛開始修行不久就放棄了。

雲水每天凌晨四點起床，坐禪、誦經，然後開始打掃各自負責的佛堂或院子。即使寒冬季節也都光著腳，那種寒冷難以用言語來形容。但是，在持續修行之後，就會逐漸變得堅強，能夠承受寒冬的寒冷和炎夏的酷熱。

在剛成為雲水時，最痛苦的並不是早起、打掃或是嚴格的坐禪，而是飲食的分量很少，基本上都是一菜一湯。早餐都是粥和醬菜，也就是兩片醃黃蘿蔔，晚餐也沒有魚或是肉。一天攝取的熱量為七百大卡左右，只有成年男人所需熱量的四分之一，而且三百六十五天都一樣。

我在食欲旺盛的二十多歲時開始修行，所以經常飢餓難耐。幾乎所有的雲水在修行一個月左右，就會得腳氣病或是營養失調，但沒有任何修行僧因為遵守醫囑而停止修行。在持續修行之後，身體逐漸適應，自然就會改善。

我雖然沒有得腳氣病，但出現了營養失調的症狀。一旦營養失調，就不再像之前那樣整天覺得飢餓，腦袋昏昏沉沉，即使在誦經時，也處於昏沉朦朧的狀態。

不久之後，兩條腿因為血液循環不良變成紫色，因為麻木失去了感覺，無法自由活動雙腳。雖然是自己的腿，卻好像不是長在自己身上，好幾次走在平坦的路上都跌倒了。當時很擔心自己會撐不下去，內心充滿了恐懼。

我在雲水時代，清楚地意識到「一根釣竿」這件事。什麼對自己最重要？對人類來說，什麼最重要？那就是像現在這樣活著，我透過身體了解到這一點。

一個失去年幼孩子的父親對我說：

「我一直以為事業成功才是自己的人生，但其實這種東西根本無足輕重。我不需要金錢和地位，即使把我的房子賣掉也沒關係，我甚至連自己的生命也可以不要，所以，一定要救救我的孩子。我當時一直這麼祈禱。」

此時此刻，能夠這樣活著，是多麼幸福的事，又是多大的奇蹟。我們千萬不能忘記生命的可貴。

當我們忘記生命的可貴，認為活著是理所當然的事，這種不遜的想法，就會產生不必要的欲望。

不斷滿足內心的欲望，就好像在蒐集許多不必要的「釣竿」，最後被一大堆釣竿淹沒，找不到真正重要的釣竿。一旦我們失去了對自己而言最重要的東西，人生就會產生迷惘。

帶著感謝生活

有一句話叫做「生老病死」。每個人降臨人世，年歲逐漸增長，在生病後死亡。釋迦牟尼用「四種馬」比喻了「生老病死」。

「馬有聰明的馬和笨馬之分。最聰明的良馬，只要主人一揚起鞭子，牠見到腳下的鞭影，就開始奔跑。次聰明的是好馬，當主人抽過來的鞭子稍微掃到馬尾時，牠便奔馳飛躍。不太聰明的庸馬，當鞭子落在屁股上時，才終於察覺，然後跑了起來。最愚笨的駑馬要等到鞭子扎實地打在屁股上，感覺到疼痛時，才如夢方醒，開始奔跑。生老病死也一樣。」

套用在人的身上也一樣。最聰明的人在活得很健康時就能夠意識到死亡，隨時帶著感謝過日子。

次聰明的人等到自己上了年紀之後，才開始思考死亡，意識到自己離死亡越來越近。

遲鈍的人等到罹患重病，死亡迫在眉睫時，才意識到死亡。最愚笨的人看到自己的親人死亡，才終於理解人終有一死。

每個人都會走向死亡。正因為有死亡，生命才充滿喜悅。隨時感受生命的可貴，就可以找到自己的「一根釣竿」。

你的「一根釣竿」是什麼？

後記

「諸行無常」。這個世界上的一切都隨時在變化，沒有任何東西可以維持不變，這是佛教的基本思想。

世界隨時在變，無論以前還是現在都一樣，但和以前相比，現在的變化速度越來越快。

世界在變化，就代表是一種不安定的狀態。雖然有些是值得歡迎的變化，但也有些變化令人難以接受。有時候會遭遇意想不到的災害，也會流行威脅人類的疫病。

當跟不上周圍的變化時，我們就會在內心感到不安，覺得只有自己落伍了，更會覺得自己很沒出息，是一個無能的人。

即使如此，我們仍然必須活下去，絕對不能放棄活下去這件事。

有一句禪語叫做「水急不月流」。直譯這句話，意思就是無論河流中的水流多麼湍急，映照在水面的月影都不會移動。

這裡所說的水流，就是世界上發生的各種變化，映照在水面的月影，就是我們的內心。

無論世界如何變化，我們都要有一顆堅定的心。這句話告訴我們，這樣的決心很重要。

並不是只有你一個人面對變化時畏縮不前。

如果內心感受到無法承受的不安時，尋找一個可以成為自己心靈支柱的人。除了現實生活中的人以外，已經離開這個世界的父母也可以成為自己的心靈支柱。一定有人能夠支持你，從這個角度來說，你絕對不是單獨一人。

也許有人感到孤獨，覺得自己孤單一人，但並不是只有你是一個人，而是每個人都是一個人，而且每個人即使是一個人也沒問題。

一個人也沒問題。

當你重新檢視自己要如何生活這個問題後，這種想法就會成為內心的一種確信。

去河面尋找一下月影，注視自己堅定的心。因為當你找到自己最需要珍惜的東西時，你的月影就不會被水沖走，你就會覺得一個人也沒問題。

合掌

令和二年七月吉日

枡野俊明 於建功寺住持室

國家圖書館出版品預行編目資料

你真的可以好好一個人：獻給時常感到孤單的你，一個人也能幸福の「自在學」/枡野俊明著；王蘊潔譯. -- 初版. -- 臺北市：平安文化, 2022.04
面； 公分. --（平安叢書；第710種）
（Upward；127） 譯自：ひとりでも大丈夫

ISBN 978-986-5596-77-4(平裝)

1.CST: 禪宗 2.CST: 生活指導

226.65 111003517

平安叢書第710種
UPWARD 127

你眞的可以好好一個人

獻給時常感到孤單的你，一個人也能幸福の「自在學」

ひとりでも大丈夫

HITORI DEMO DAIJOBU
Copyright © 2020 Shunmyo Masuno
Chinese translation rights in complex characters arranged with Kosaido Publishing Co., Ltd. through Japan UNI Agency, Inc.

Complex Chinese Characters © 2022 by Ping's Publications, Ltd.

作　者—枡野俊明
譯　者—王蘊潔
發 行 人—平雲
出版發行—平安文化有限公司
台北市敦化北路120巷50號
電話◎02-27168888
郵撥帳號◎18420815號
皇冠出版社(香港)有限公司
香港銅鑼灣道180號百樂商業中心
19字樓1903室
電話◎2529-1778　傳真◎2527-0904
總 編 輯—許婷婷
執行主編—平靜
責任編輯—張懿祥
美術設計—耶麗米工作室、黃鳳君
行銷企劃—鄭雅方
著作完成日期—2020年
初版一刷日期—2022年4月
初版三刷日期—2022年7月
法律顧問—王惠光律師
有著作權・翻印必究
如有破損或裝訂錯誤，請寄回本社更換
讀者服務傳真專線◎02-27150507
電腦編號◎425127
ISBN◎978-986-5596-77-4
Printed in Taiwan
本書定價◎新台幣300元/港幣100元

• 皇冠讀樂網：www.crown.com.tw
• 皇冠Facebook：www.facebook.com/crownbook
• 皇冠Instagram：www.instagram.com/crownbook1954
• 小王子的編輯夢：crownbook.pixnet.net/blog